官方认证
星际
探险家

姓名:

贴上你
的美照

图书在版编目（CIP）数据

星际日记：使用手册 / (英) 奥利维亚·约翰逊著；马於野译.—长沙：湖南科学技术
出版社，2025.3
（太空日记）
ISBN 978-7-5710-2792-6

Ⅰ.①星… Ⅱ.①奥… ②马… Ⅲ.①科学知识—小学—教学参考资料 Ⅳ.①G624.63

中国国家版本馆 CIP 数据核字(2024)第 058377 号

湖南科学技术出版社获得本书中文简体版出版发行权。
著作权合同登记号：18-2024-106

XINGJI RIJI: SHIYONG SHOUCE
星际日记：使用手册
著　者：[英]奥利维亚·约翰逊
译　者：马於野
出 版 人：潘晓山
责任编辑：王梦娜 李 蓓 孙桂均
营销支持：周 洋
出版发行：湖南科学技术出版社
社　址：长沙市芙蓉中路 416 号
网　址：http://www.hnstp.com
湖南科学技术出版社天猫旗舰店网址：
　　　　http://hnkjcbs.tmall.com
邮购联系：本社直销科 0731-84375808
印　刷：长沙超峰印刷有限公司
厂　址：宁乡市金洲新区泉洲北路 100 号
邮　编：410600
版　次：2025 年 3 月第 1 版
印　次：2025 年 3 月第 1 次印刷
开　本：710 mm*1000 mm　1/16
印　张：4
字　数：33 千字
书　号：ISBN 978-7-5710-2792-6
定　价：35.00 元

星际日记

使用手册

著者：[英] 奥利维亚·约翰逊
译者：马於野

CTS K 湖南科学技术出版社·长沙

欢迎你！
太空探险家！

欢迎来到韦布空间望远镜团队！你即将开始有史以来一项最困难的太空任务。你将监督有史以来最强大的空间望远镜的设计、施工、建造和发射。而这仅仅是个开始……

这台具有划时代意义的望远镜能够发现最早形成的星系，窥视新的恒星在星云中诞生，甚至研究环绕在外行星周围的空气。一旦成功发射了这台望远镜，你可以用它搜集数据，向地球报告你的发现。

前进吧，勇敢的探险家。我们等着透过你的眼睛看到全宇宙！

祝你好运！
奥利维亚·约翰逊和航天组成员

1

收集在学习本书过程中遇到的新单词。配上相应的图片和注释，创建一本《天文学图解词典》。就从下面的几个单词开始吧……

韦布		詹姆斯·韦布空间望远镜的简称，它是迄今为止最大的空间望远镜。它展开后有一个网球场那么大！
恒星		
行星		
星系		

把书翻到最后，就能找到你的图解词典了！

第一章：
天文学家训练营

让我们为观星做好准备。你很可能因为参与本任务而被载入史册，因此你要对天文学先驱们和已有的技术有所了解。

目标：星辰大海

你是否好奇过，宇宙之中都会有什么呢？

嗨，宇宙探险家！我是欧洲航天局宇航员提姆·匹克！

当我在国际空间站驻留的时候，
我常常望向窗外，
想象着如果我们能飞到外太空，
将会有什么样的发现。
如果你能具备前人无法企及的能力，
能看到更遥远的宇宙，
你希望有什么样的发现呢？

画出或写下
你想有什么
发现?

夜空

在望远镜发明之前，人类一直用肉眼观察恒星和行星。

仰望深邃的夜空，你看见了什么？

绘制下面的坐标图，你可能会找到一个你认识的恒星星图。

恒星名称		坐标	
◆	天枢	x −3,	y −3
✕	天璇	x −5,	y −1
☐	天玑	x −3,	y 1
⬤	天权	x −1,	y 0
◼	玉衡	x 1,	y 1
⬤	开阳	x 3,	y 2
▲	摇光	x 4,	y 4

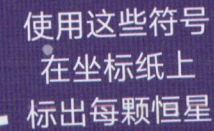

使用这些符号
在坐标纸上
标出每颗恒星

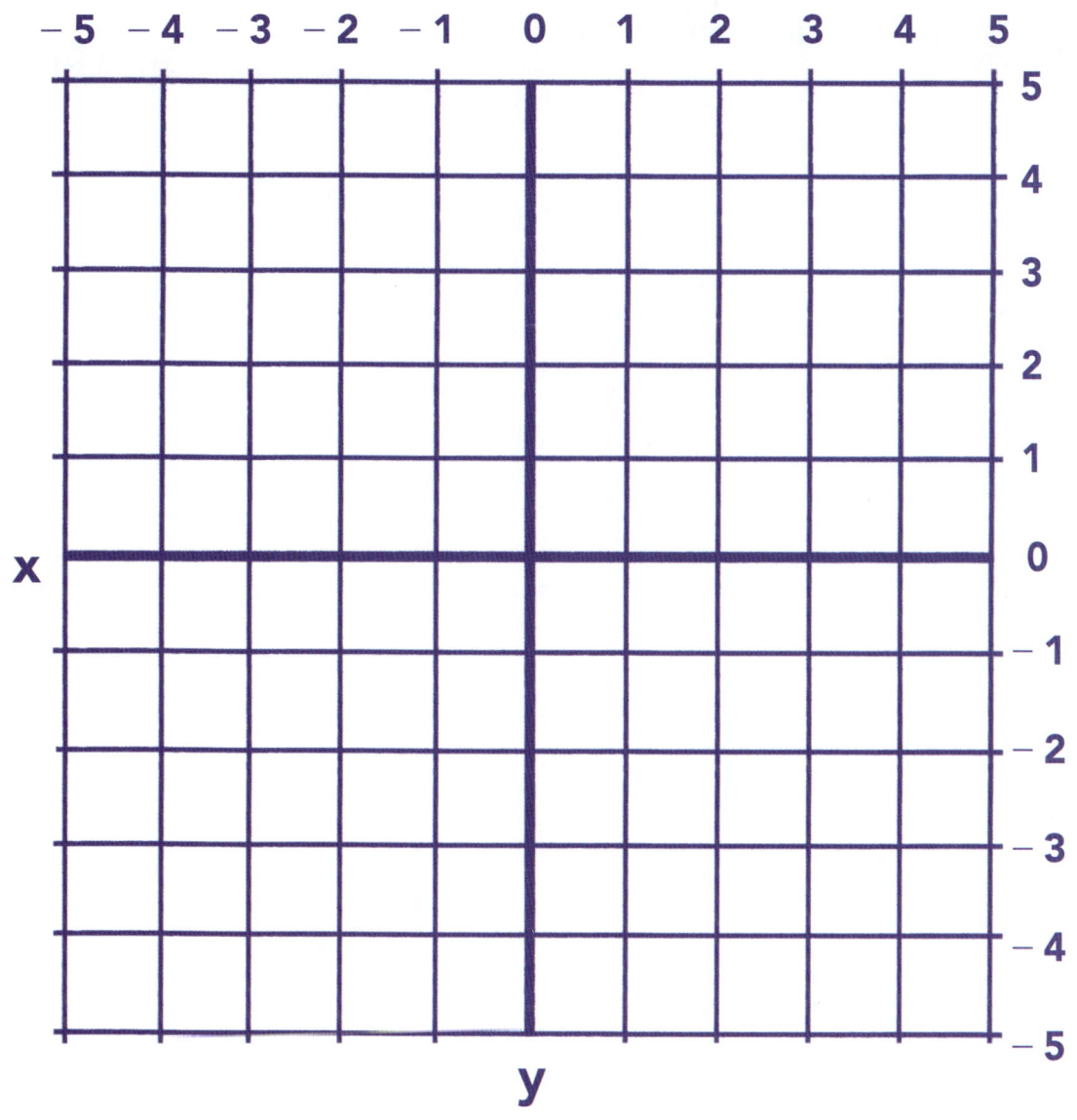

你认出这个星图了吗？

古代天文学

历史上，人类一直把夜空作为地图、时钟和日历来使用。

但在望远镜发明之前，我们对太阳系的了解并不多，尤其是有关地球和其他行星之间的联系。

你能在下图中看到地球吗？

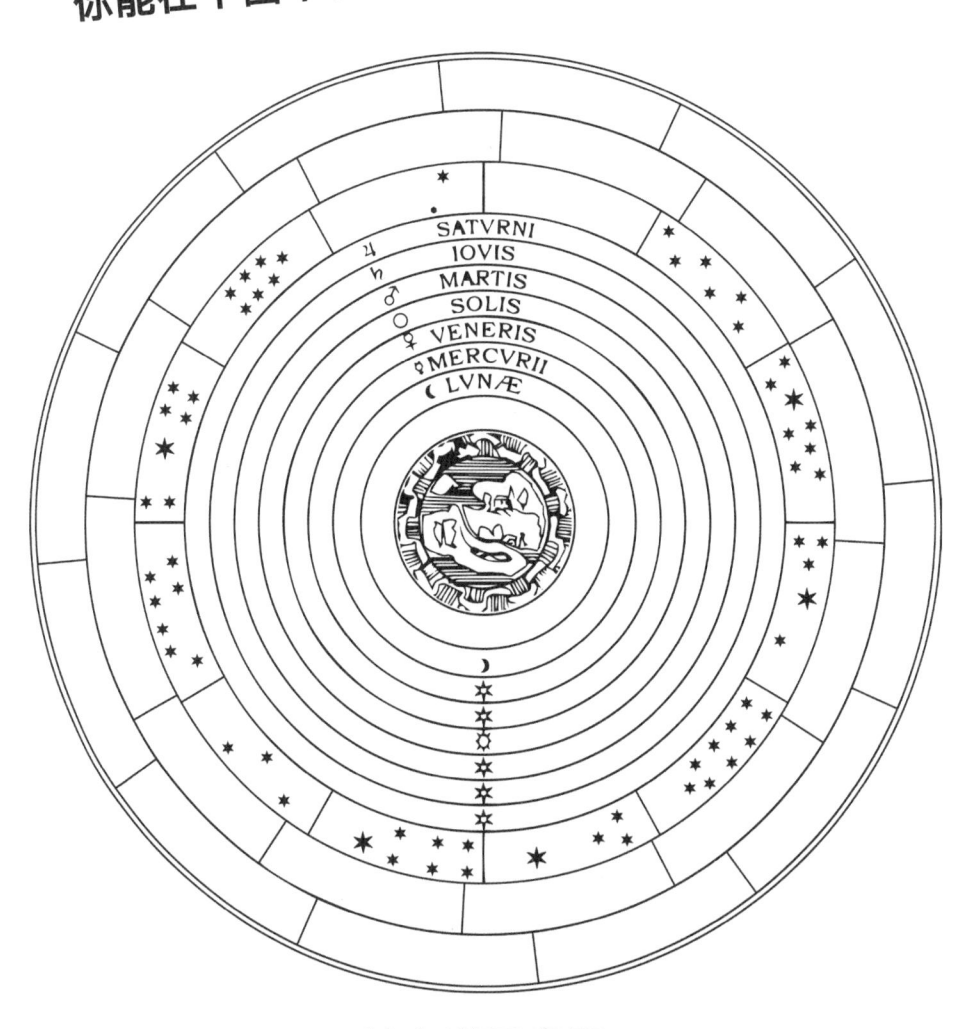

SATVRNI
IOVIS
MARTIS
SOLIS
VENERIS
MERCVRII
LVNÆ

地心说示意图

根据目前掌握的知识绘制你的太阳系示意图。
这与左边古代的示意图有何不同？从中我们学到了什么？

现代太阳系示意图

星空使者

纵观天文学历史，
每一项新技术的出现都让我们获得了更多的关于
宇宙的知识。
回溯历史，
画出每台望远镜曾经向人类揭示的奥秘。

伽利略望远镜

胡克望远镜

詹姆斯·韦布空间望远镜

哈勃空间望远镜

嗨，太空探险家！我是吉莉安·赖特（Gillian Wright），
詹姆斯·韦布空间望远镜团队的负责人。
韦布望远镜可能能看到宇宙中最遥远的星系，你能想象，
借助这台具有划时代意义的望远镜，天文学家会观测到，
或者可能观测到什么惊人发现吗？

天文小测验！

你对天文观测的历史有什么了解？
设计一套判断题，考考你的朋友们吧！

正确
或
错误

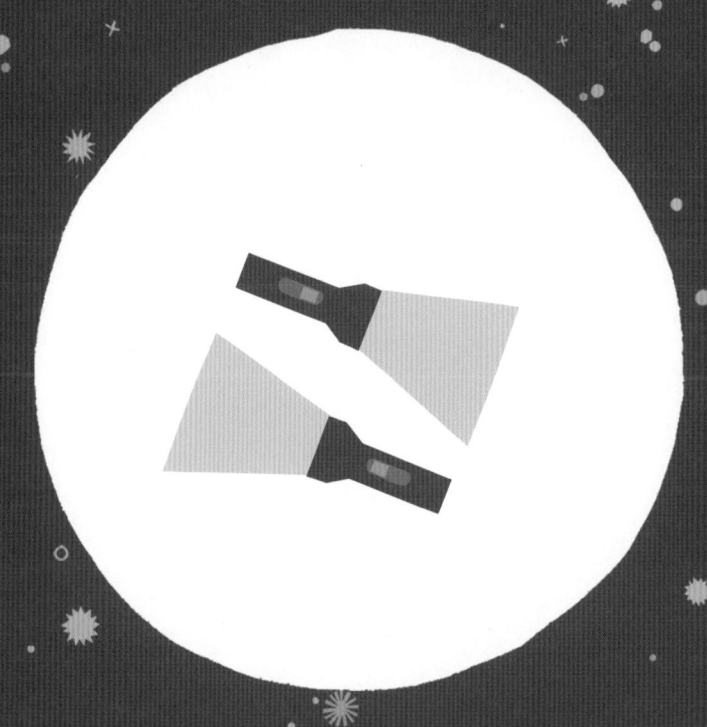

第二章：
望远镜培训

该你闪亮登场了！

在开始设计望远镜之前，你需要先了解光的科学原理，你要了解的不仅仅是那些肉眼可见的光，更重要的还有那些肉眼不可见的光。光线的意义远不止眼睛可见的那么多……

光线，镜子，动起来！

光线以直线传播。光遇到物体后会被反射并留下阴影。
你能设计一个实验向人们演示光的神奇之处吗？

在这里
规划设计
你的演示

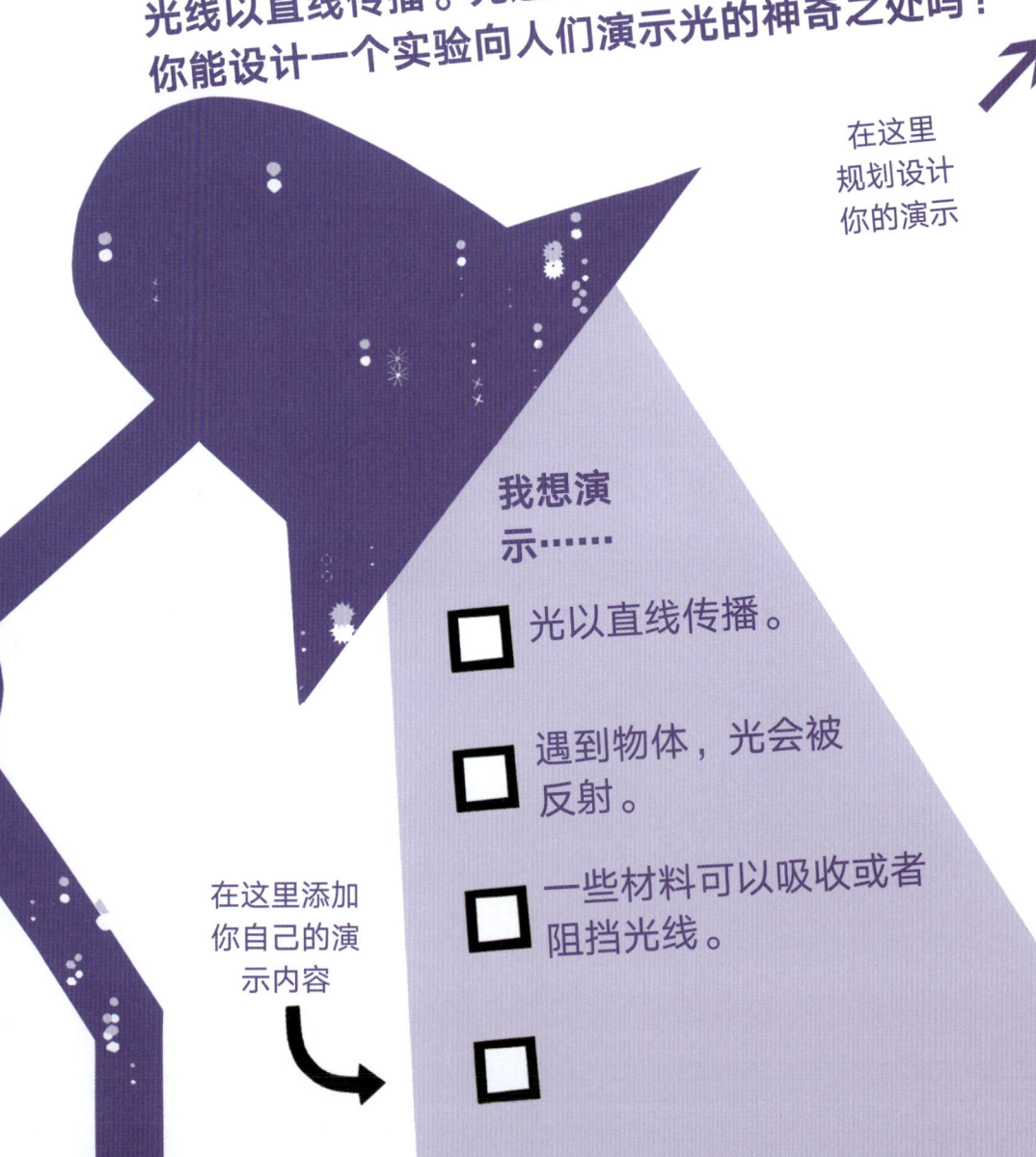

我想演示……

☐ 光以直线传播。

☐ 遇到物体，光会被反射。

☐ 一些材料可以吸收或者阻挡光线。

☐

在这里添加
你自己的演示内容

制作自己的 七彩色轮

是时候测试一下你的数学和工程学技能啦。
你能演示一下彩色是如何被合成白色的吗？

你会需要用到：

☐ 硬纸板　　☐ 剪刀
☐ 白纸　　　☐ 胶水
☐ 圆规　　　☐ 彩色铅笔
☐ 量角器　　☐ 绳子

第一步： 在纸上用圆规画一个直径 100 毫米的圆。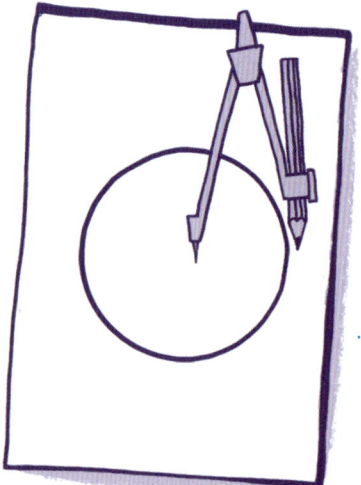

第二步： 用量角器把圆分成7等份。你将用什么等式计算每个扇形的角度的大小？

＿＿＿ ÷ ＿＿＿ = ＿＿＿

第三步： 如图所示给每个部分涂上颜色，然后把这个圆剪下来。

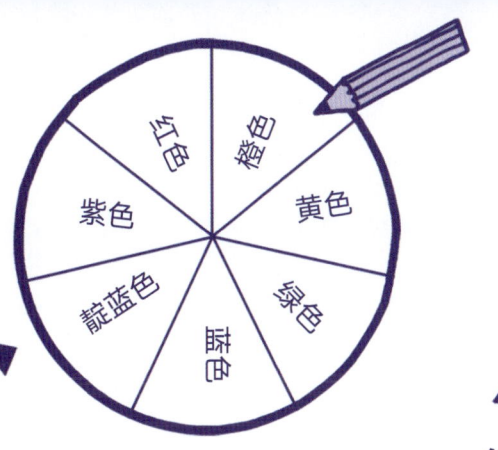

红色
橙色
紫色
黄色
靛蓝色
绿色
蓝色

第四步： 在硬纸板上画一个直径 100 毫米的圆，并把它剪下来。

GLUE

第五步： 用胶水将涂色的圆纸盘和硬纸板圆盘贴在一起，并用圆规在它们的中心穿两个洞。

第六步： 如图所示将绳子从洞中穿过，或者你也可以用自创的方法，让圆盘快速旋转！

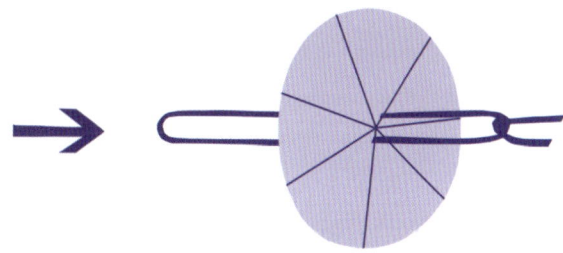

第七步： 旋转并观察！你发现了什么？在这里描述你的观察结果。

彩虹的配方

七彩色轮把彩色变成了白色，
那么我们要如何把白色的光变成彩色的光呢？
换句话说，我们要如何制造一道彩虹呢？
需要的材料十分简单——光和棱镜。
但是我们该如何利用这些工具制造出彩虹呢？
设计一份操作步骤图，别忘了加入一份彩色图表哦！

材料：

你只需要两种材料就能做出彩虹：

- 光
- 棱镜

方法：

红外线自画像

想象一下，如果我们能看到那些原本不可见的东西会是什么状况。韦布望远镜将通过探测红外线来发现宇宙的新事物。红外线是一种我们肉眼不可见的光，就像同样不可见却会导致皮肤晒伤的紫外线一样，我们的身体可以通过红外线产生的热量感受到它的存在。用红外线画一幅自画像，看看红外线能发现关于你的什么秘密！

你好，太空观测家！

我是马蒂恩·威尔斯（Martyn Wells），
一名为韦布望远镜工作的光学工程师。
让我们看看你在红外线下的样子吧。
使用你喜欢的颜色，
设计一个从冷到热表示温度的彩色温标。
然后用这些颜色画一幅自画像，
显示你的脸比较热和比较冷的部分。

彩色温标

冷　　　　　　　　　　　　　　　　热

第二章
词汇找找看

找出你在本章中新学到的单词，并将它们添加到本书最后一章《外太空图解词典》中。

注意：单词可能是正着写，倒着写，或是斜着写的。

L	B	G	I	S	K	N	S	I	T
A	R	Q	L	I	U	P	G	N	C
C	O	H	O	F	E	R	P	F	E
I	S	P	S	C	A	R	P	R	L
T	B	R	T	D	M	P	L	A	F
P	A	R	I	Q	I	D	X	R	E
O	U	E	L	I	G	H	T	E	R
M	N	F	W	Z	I	O	K	D	S
T	C	J	T	Q	U	E	C	Q	B
X	K	D	F	I	X	S	U	I	V
P	R	I	S	M	Q	J	T	J	Y

你能发现以下 8 个字母开头的单词吗？

A L R G O S I P

第三章：
为探索而生

让我们开始建造望远镜吧！你的望远镜有网球场那么大，真是太大了！你需要仔细考虑如何建造望远镜，确保它能被安全部署，正常工作。

太空蓝图

是时候为你解密空间望远镜设计图纸了。

拼图中每一个点旁边都有一道数学计算题。

首先完成这个计算，其次根据密钥线索的提示，把这些点连接起来。

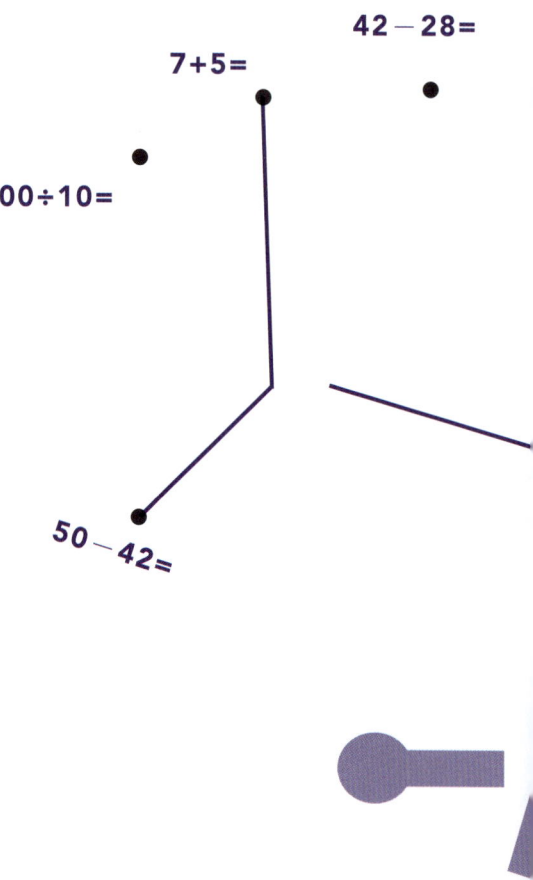

$42-28=$

$7+5=$

$100÷10=$

$50-42=$

密钥线索	
天线	
遮阳板	偶数
主镜	
镜面支撑结构	奇数
控制系统	

一些部件缺少可视化密钥线索。你能在图中给它们涂上颜色，并把该颜色加到密钥线索的表格中吗？

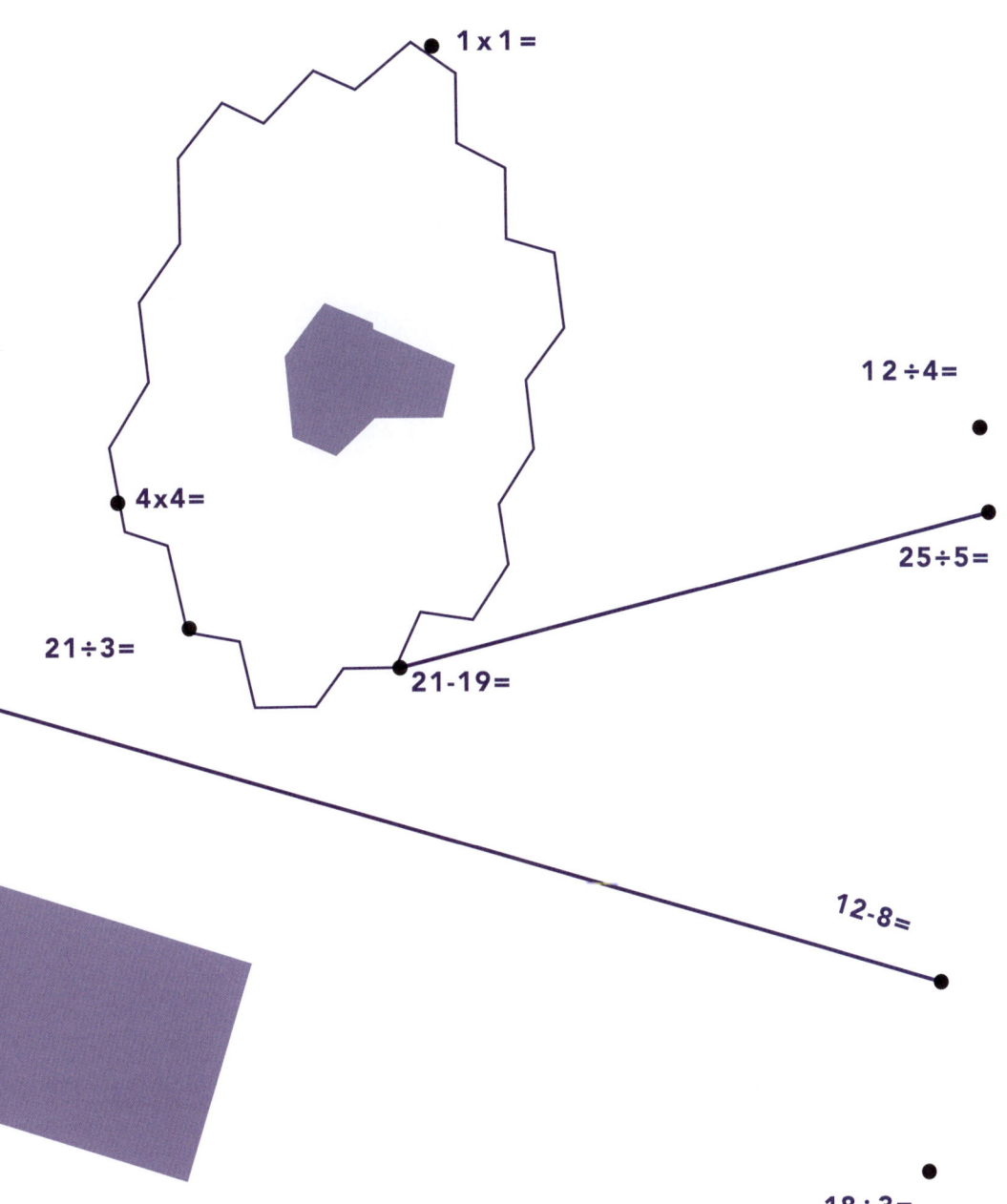

1 x 1 =

12 ÷ 4 =

4x4=

25 ÷ 5 =

21 ÷ 3 =

21-19=

12-8=

18 ÷ 3 =

超级镜面工程师

空间望远镜需要一面被称为"主镜"的大镜子，用于收集大量的光线，并将光线反射到它的专业仪器中。要达到这个目的，最好的解决方案是使用一面对称的镜子。根据下面的工程任务简介，你能设计一面这样的镜子吗？

嗨，太空探险家！
我是皮亚尔·萨马拉·拉特纳 (Piyal Samara-Ratna)，
一名机械工程师，我有一个巨大的工程挑战要给你。
你能设计一面对称的镜子吗？
你能设计 19 块各种形状的部分组成，
它由每个部分之间不能有空隙，
而且这样我们就不会丢失任何宝贵的光线了！

画出通过这些形状的对称线：

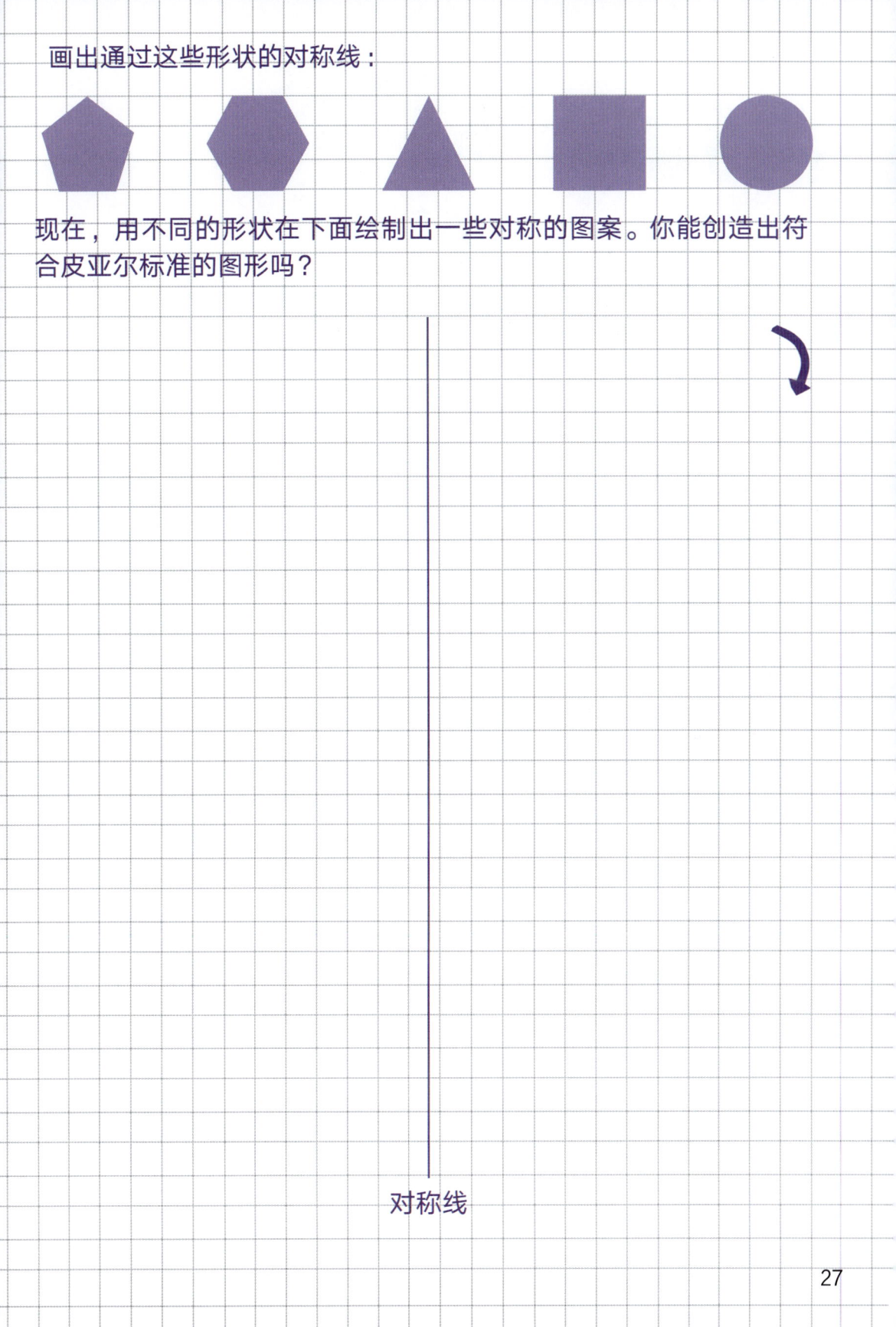

现在，用不同的形状在下面绘制出一些对称的图案。你能创造出符合皮亚尔标准的图形吗？

对称线

保持低温状态

红外线照相机是望远镜的"眼睛"。
它需要极低的温度才能正常工作。
你能通过实验，找出用哪些方法能让它保持低温吗？
哪种方法在太空中可行呢？

我想知道……

我需要用到以下材料：

我的方法是：

我预期……

画出
你的实验图
并贴上
标签。

打包装货

工程师们正在试图寻找一种方法，把韦布望远镜装入阿丽亚娜 5 型（Ariane 5）运载火箭。使用纸、胶水和剪刀设计一个望远镜的模型，它可以经过折叠，装入火箭有效载荷舱。

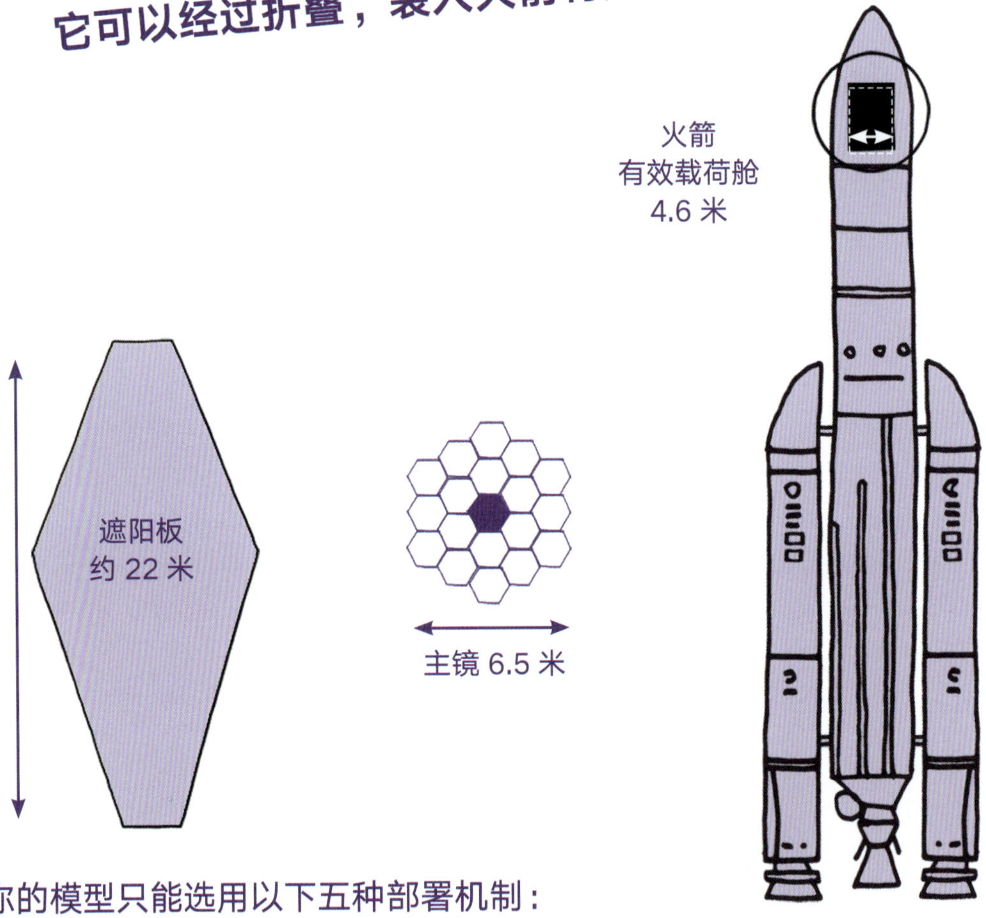

火箭
有效载荷舱
4.6 米

遮阳板
约 22 米

主镜 6.5 米

你的模型只能选用以下五种部署机制：

弹簧　　　折叠　　　卷曲　　　推 / 拉　　　铰链

有效载荷舱
制作一个韦布望远
镜的模型，折叠并
放入虚线中的区域

词汇找找看

找出你在本章中新学到的单词，并将它们添加到本书最后一章《外太空图解词典》中。

注意：单词可能是正着写，倒着写，或是斜着写的。

Y	J	P	A	M	O	V	M	O	T
M	R	I	A	W	Q	E	I	E	C
I	T	E	P	Y	T	T	R	K	U
R	J	L	V	H	L	U	I	O	R
R	R	N	O	O	T	O	K	P	T
O	A	D	Q	C	C	E	A	Y	S
R	B	I	U	L	M	S	Z	D	N
S	C	R	A	N	U	B	I	D	O
V	T	R	L	G	U	D	B	D	C
S	E	N	G	I	N	E	E	R	P
T	N	E	M	I	R	E	P	X	E

你能发现以下 8 个字母开头的单词吗？

C E P D M S E M

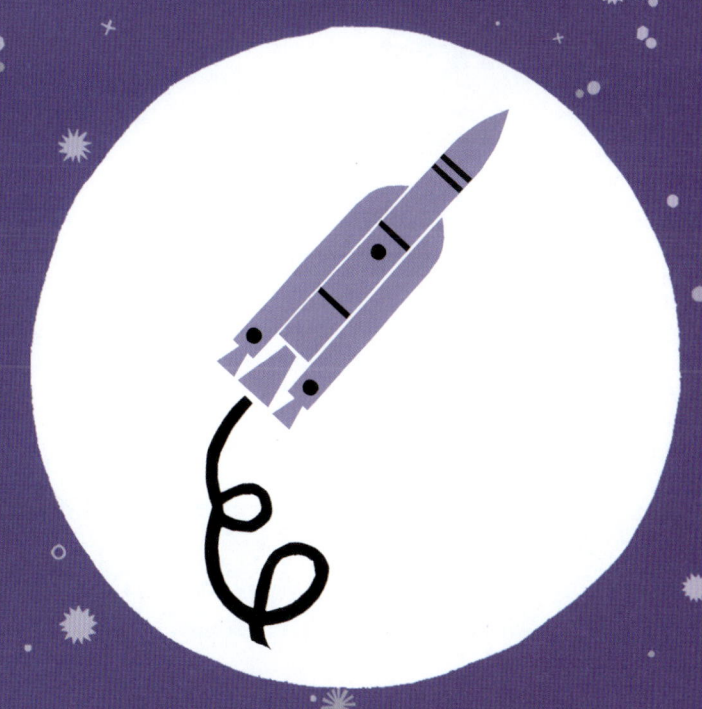

第四章：
外天空之旅

让我们出发吧！你的望远镜将被装载在火箭中发射升空，然后在太空中展开，最终到达它的终极停泊点开始环绕运行。你需要非常仔细地计划望远镜的部署工作。"精准"是该活动的代名词！

停泊技能

祝贺你！你的望远镜已经准备好，可以发射啦！
但是你想把它停泊在哪里呢？
比较如下四个不同选项，沿着迷宫寻找到达最佳位置的路线。
一旦你选定了路线，编写下面的指令，引导韦布望远镜到达那里吧！

< 绝密指令 >		
步骤	方向 �֎	距离1厘米
1	↑	1
2	↘	1
3		
4		
5		
6		
7		
8		
9		
10		

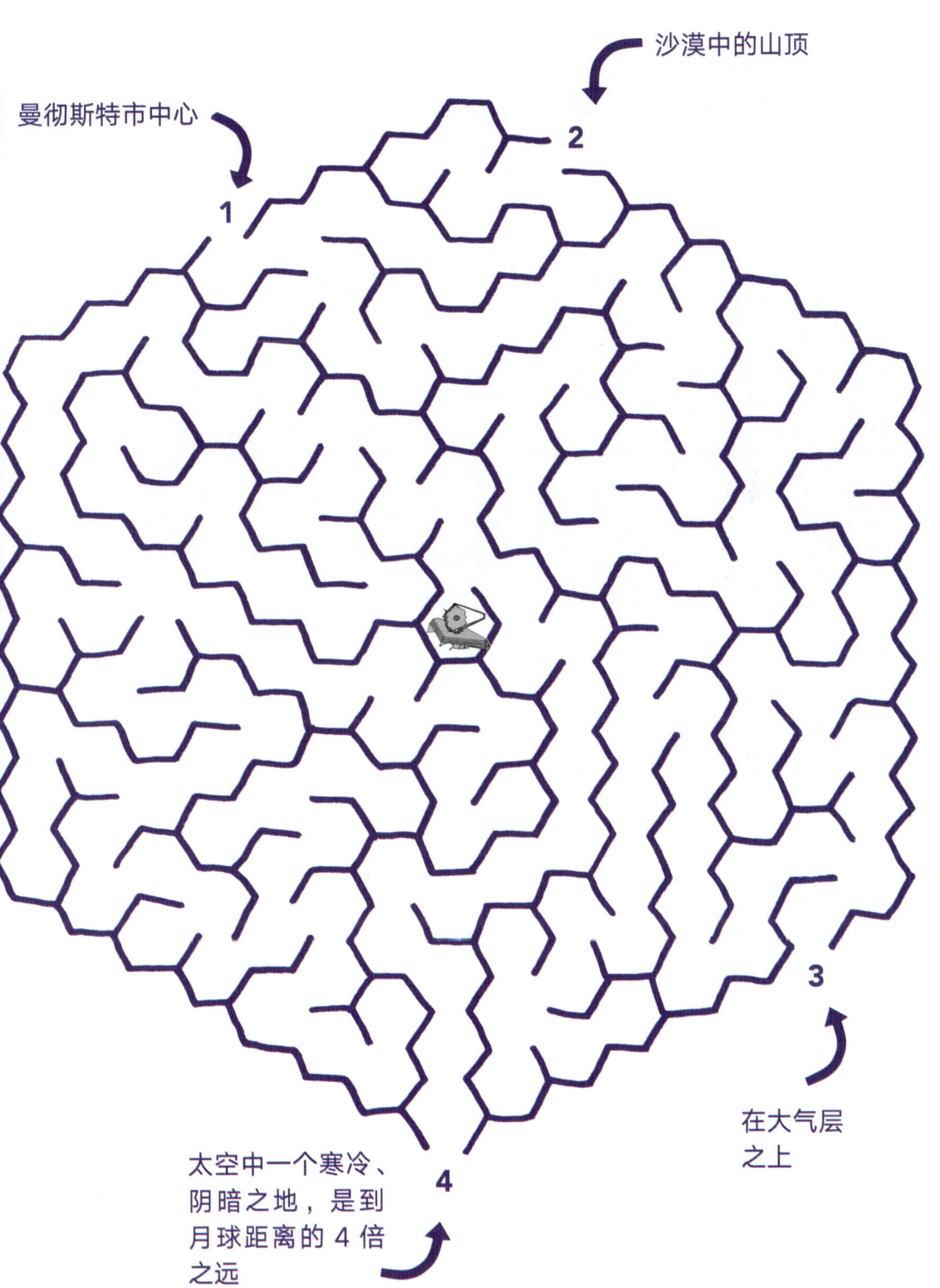

曼彻斯特市中心

1

沙漠中的山顶

2

3

在大气层
之上

太空中一个寒冷、
阴暗之地，是到
月球距离的 4 倍
之远

4

解码外太空

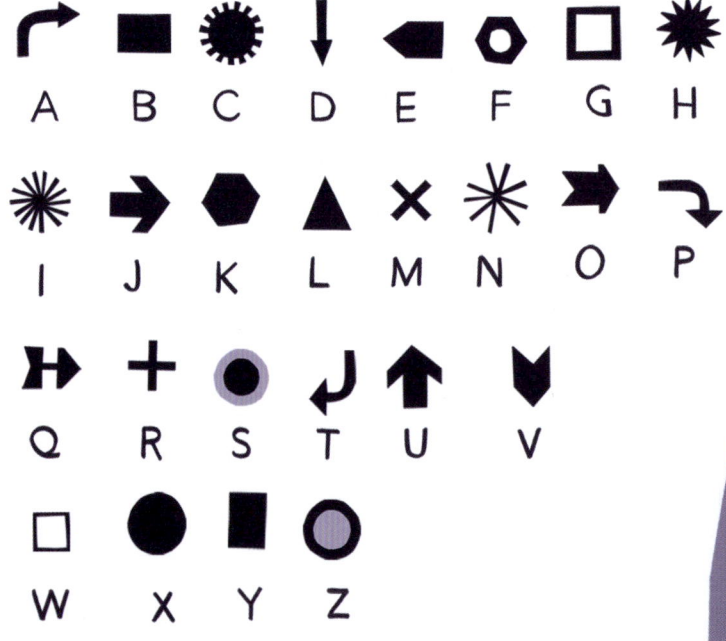

嗨，太空探险家！
我是文森特·盖尔斯（Vincent Geers），
英国天文技术中心的一名软件工程师。
是时候部署你的望远镜了。
我已经向你发送了含有部署顺序的加密消息。
望远镜的部署必须严格按照这个顺序执行，
请先解码这些步骤，按顺序排好，最后销毁这条绝
密的信息。

< 加密代码 >

< 部署序列 >

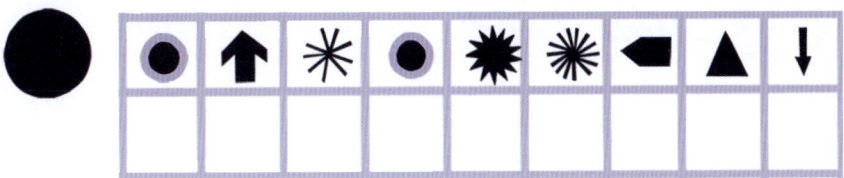

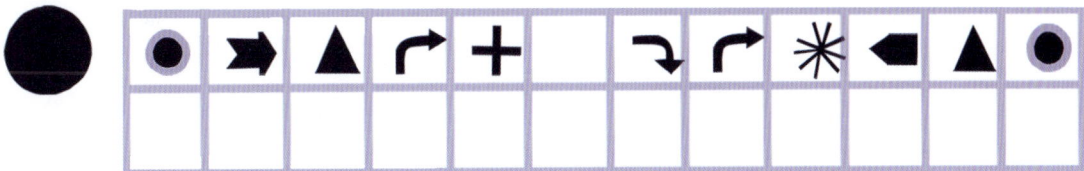

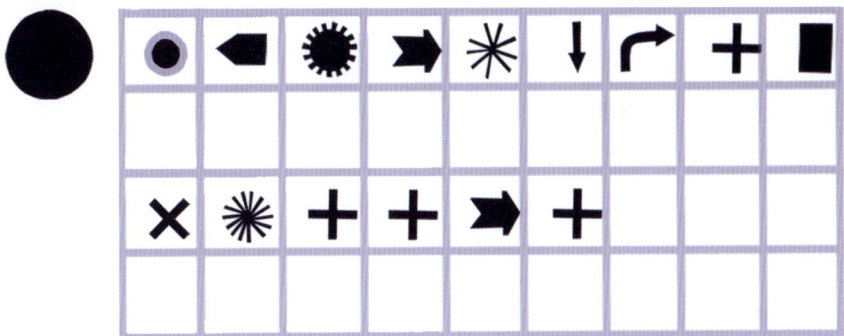

校准望远镜

太空探险家，把你的量角器准备好，测量一下韦布望远镜指向新的发现的角度。

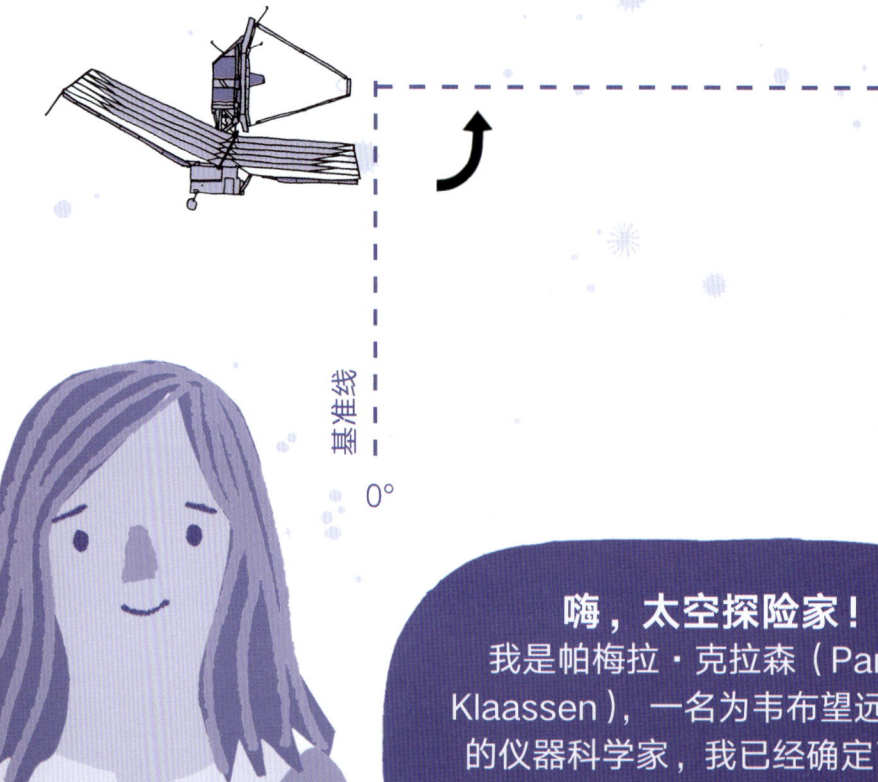

90°

基准线

0°

嗨，太空探险家！
我是帕梅拉·克拉森（Pamela Klaassen），一名为韦布望远镜工作的仪器科学家，我已经确定了五个兴趣点，希望你能研究一下。并通过测量望远镜到每个兴趣点的角度来校准望远镜。

● **1. 海王星（Neptune）**
　　估计值：
　　准确值：
　　角的类型：

4. 风车星系（Pinwheel Galaxy）
　　估计值：
　　准确值：
　　角的类型：

2. 哈勃深场（Hubble Deep Field）
　　估计值：
　　准确值：
　　角的类型：

5. 创生之柱（Pillars of Creation）
　　估计值：
　　准确值：
　　角的类型：

3. 特拉比斯特 -1（Trappist-1）
　　估计值：
　　准确值：
　　角的类型：

词汇找找看

找出你在本章中新学到的单词，并将它们添加到本书最后一章《外太空图解词典》中。

注意：单词可能是正着写，倒着写，或是斜着写的。

N	C	A	L	I	B	R	A	T	E
A	O	V	G	T	I	D	Y	N	S
C	R	I	H	V	E	B	C	E	E
E	O	U	T	P	B	T	M	M	Q
K	W	M	L	P	Q	X	M	U	U
X	H	O	M	S	Y	A	V	R	E
W	Y	H	L	A	R	R	U	T	N
Q	I	S	K	G	N	D	C	S	C
E	E	D	O	C	E	D	K	N	E
T	W	R	V	X	Z	G	S	I	E
T	P	F	C	A	G	R	D	A	H

你能发现以下 8 个字母开头的单词吗？

C D P C E S D I

第五章：
惊天大发现

你所有的努力都得到了回报，你的望远镜现在已经安全地在轨道中运行，并开始收集它的第一批数据了！你需要运用敏锐的观察力来分析这些数据，并弄清楚这些数据是否有助于找到可能存在生命的外星世界。

最初的发现

祝贺你，你的望远镜已经发回第一张红外线图像了。

哇！我们可以看到这么多普通光学照片无法捕捉到的东西。

快来帮忙分析这张图像吧……

嗨，太空探险家！
我是阿拉斯泰尔·布鲁斯（Alastair Bruce），
一名在爱丁堡皇家天文台工作的天文学家。
快来帮我进一步分析你的红外线图像吧。
你能看出它和光学图像有什么区别吗？
把你看到的不同之处涂上颜色。
你能认出你的图像中显示的某一个天文奇观吗？

光学图像

红外线图像

数据"侦探"

嗨，太空探险家！我是贝丝·比尔 (Beth Biller)，我研究系外行星！你超灵敏的红外线望远镜可以透过系外行星的大气层观测到光线，甚至可以探测那里空气的构成。我看到你已经收集了 10 个最近观测到的行星的数据。你能弄清楚其中是否有可能支持生命存在的星球吗？

查看数据集 1 中的线索。这些符号在描述何种气体？你能发现有关它们的更多信息吗？

一种含碳元素的气体是由 1 个碳原子和 1 个氧原子组成，另一种是由 1 碳原子和 2 氧原子组成的。你知道它们分别是什么气体吗？（嘘，它们的名字里含有线索！）

分析数据集 2，并用颜色编码，将这些行星归类到以下三个类别中：
- 绝对没有生命存在
- 不大可能支持生命存在
- 最有可能支持生命存在

数据集 1：检测到的气体

气体	线索	特性
二氧化碳		
水蒸气		
一氧化碳		
甲烷		

数据集 2：10 颗系外行星的大气数据

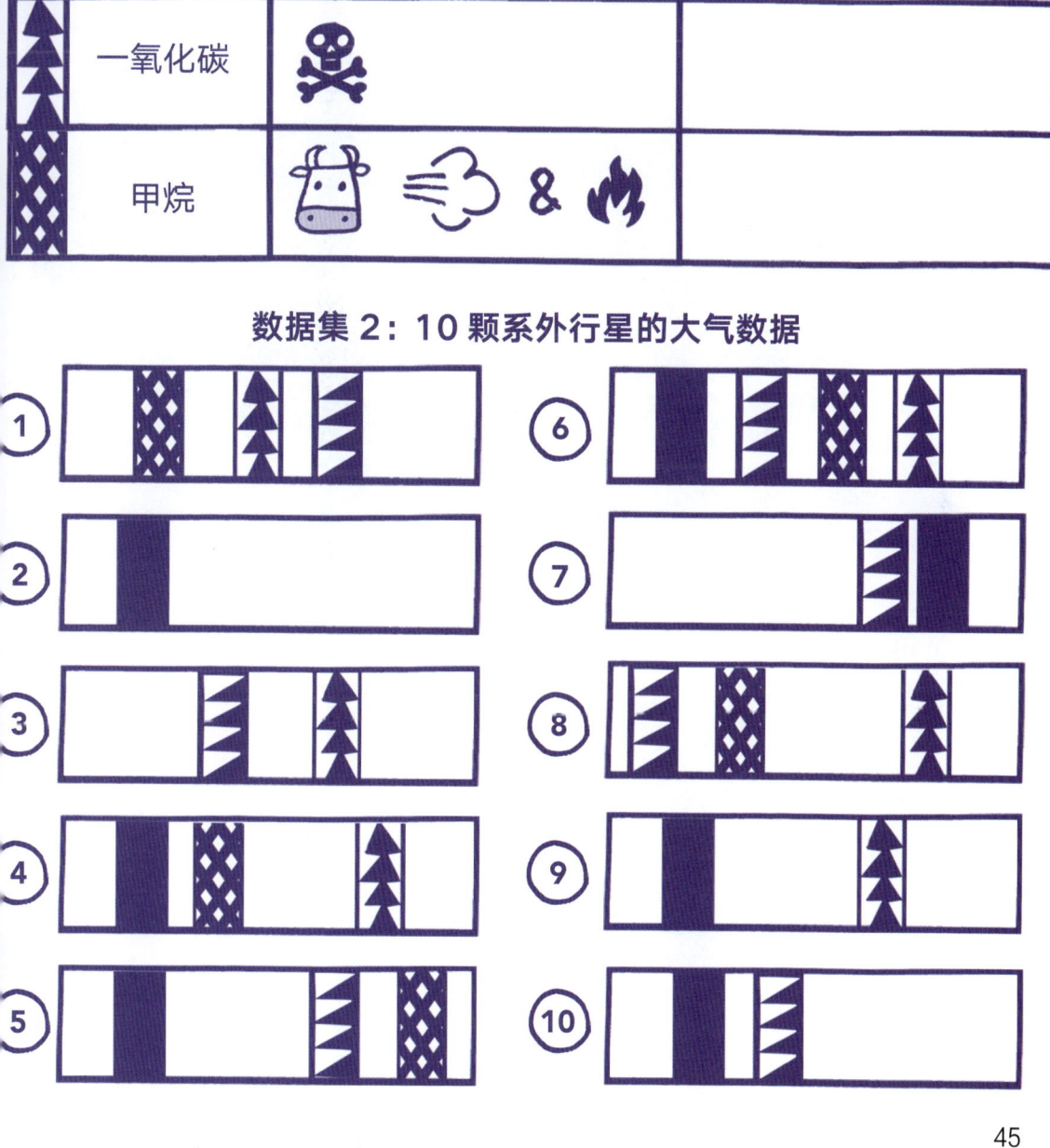

为宇宙画像

科学家急切地想知道你的发现。使用图表、简图、图纸、照片或者信息图来创建一张关于你的发现的海报演示文稿。

嗨，太空科学家，你好！
我是娜奥米·罗－格尼（Naomi Rowe-Gurney），
我的研究方向是巨行星。
听说你用望远镜观测，获得了一些有趣的发现。
画一张海报向我们这些研究员展示你的发现吧，
告诉我们这些发现将如何改变我们对宇宙的认识。

找出你在本章中新学到的单词，并将它们添加到本书最后一章《外太空图解词典》中。

注意：单词可能是正着写，倒着写，或是斜着写的。

P	P	B	I	R	P	L	R	G	C
L	B	M	N	A	W	A	E	A	I
A	D	V	F	T	D	I	M	L	R
N	F	J	O	S	I	T	O	A	E
E	H	Y	G	O	A	S	N	X	H
T	U	O	R	T	G	E	O	Y	P
G	M	X	A	O	F	L	R	S	S
O	P	D	P	R	U	E	T	H	O
Y	I	E	H	P	R	C	S	L	M
H	C	U	I	Y	K	C	A	T	T
Y	R	O	C	X	J	Z	D	B	A

你能发现以下 8 个字母开头的单词吗？

A D P A G P C I

第六章：
太空新闻

你的望远镜让科学家和工程师同行们大为赞赏。

现在，是时候向全世界宣布你的发现了。

你需要运用创造性的沟通技巧，将你所学到的

知识分享给那些对太空缺乏了解的人。

撰写一篇关于你在外太空的发现的新闻报道

星际突发新闻

天文学图解词典

单词	图片	定义
韦布 （Webb）		詹姆斯·韦布空间望远镜的简称，是迄今为止最大的空间望远镜。它展开后有一个网球场那么大！

你在本书中发现了哪些新单词？
为新单词设计一本图解词典，方便他人理解你的技
术术语！

单词	图片	定义

天文学图解词典

单词	图片	定义

单词	图片	定义

天文学图解词典

单词	图片	定义

单词	图片	定义

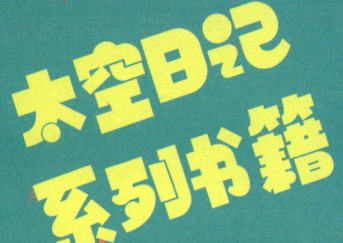

想知识更多关于太空的知识？
收集全套的书籍吧！

> 和其他的STEM教学资源相比，我高度评价这套书籍。这套书的结构合理，插图有趣。孩子们可以把自己照片贴在首页，让他们觉得书是属于他们的，他们拥有这本书。

——道恩·麦克福尔
英国小学教师

启发每个孩子,让他们像科学家一样思考!
Discoverydiaries.org